I0490881

Frugalismus

Finanzielle Freiheit durch bewusstes Konsumieren

Einführung in Frugalismus

Was ist Frugalismus?

Frugalismus ist ein Lebensstil, der darauf abzielt, Ausgaben zu minimieren, um ein einfaches und sparsames Leben zu führen. Es geht darum, bewusst mit seinem Geld umzugehen und unnötige Ausgaben zu vermeiden, um finanzielle Freiheit zu erreichen.

Das heißt aber nicht, dass Du Dich von allem abkapseln und auf einem Berg leben musst. Im Gegenteil: Frugalismus erfordert eine gewisse Kreativität, um ein glückliches und erfülltes Leben zu führen, ohne dabei jede Menge Geld auszugeben.

Ein Frugalist lebt in der Regel minimalistisch und achtet darauf, dass er nur das ausgibt, was er wirklich benötigt. Das bedeutet aber nicht, dass Du auf alles verzichten musst, was Du magst oder brauchst. Es geht vielmehr darum, bewusst zu wählen, welche Ausgaben wichtig und welche entbehrlich sind.

Frugalismus kann auf verschiedene Arten praktiziert werden. Einige Frugalisten entscheiden sich dafür, in kleinen Wohnungen oder Häusern zu leben, um Mietkosten zu sparen. Andere sparen an Lebensmitteln, indem sie selbst kochen, Essen einfrieren und saisonale Lebensmittel kaufen. Auch der Verzicht auf teure Transportmittel wie Autos kann ein Teil des Frugalismus sein.

Ein wichtiger Aspekt des Frugalismus ist auch das Sparen. Indem Du Dir ein Budget setzt und dieses einhältst, kannst Du sicherstellen, dass Du genug Geld zur Seite legst, um finanzielle Ziele wie ein Notfallfonds, Schuldenabbau oder Investitionen zu erreichen.

Frugalismus bedeutet jedoch nicht, dass Du geizig sein musst. Es geht vielmehr darum, bewusst zu wählen, welche Ausgaben Dir wichtig sind und welche Du reduzieren kannst, um Deine finanziellen Ziele zu erreichen. Du kannst immer noch eine gute Zeit haben und Dinge tun, die Dir wichtig sind, ohne dabei ein Vermögen auszugeben.

Frugalismus kann auch eine positive Auswirkung auf die Umwelt haben. Durch den Verzicht auf unnötige Ausgaben trägst Du dazu bei, den Konsum und die Umweltauswirkungen zu reduzieren.

Insgesamt kann Frugalismus eine lebensverändernde Erfahrung sein. Durch bewusstes Ausgeben und Sparen kannst Du finanzielle Unabhängigkeit erreichen, mehr Kontrolle über Dein Leben haben und Deinen Beitrag zur Umwelt leisten.

Warum Frugalismus praktizieren?

Frugalismus ist ein Lebensstil, der Dir helfen kann, finanzielle Freiheit zu erreichen und Dein Leben einfacher und erfüllter zu gestalten. Hier sind einige Gründe, warum Du Frugalismus in Betracht ziehen solltest:

1. Finanzielle Unabhängigkeit erreichen: Frugalismus ist ein großartiger Weg, um Deine Finanzen unter Kontrolle zu halten und finanzielle Unabhängigkeit zu erreichen. Durch bewusstes Ausgeben und

Sparen kannst Du langfristig finanziell stabiler werden und Dir Deine Wünsche und Ziele erfüllen.

2. Reduzierung von Stress: Finanzielle Sorgen können oft Stress und Angst verursachen. Durch den Einsatz von Frugalismus kannst Du Deine Ausgaben kontrollieren und dadurch das Gefühl von Unsicherheit und Druck reduzieren.

3. Konzentration auf das Wichtige: Frugalismus hilft Dir dabei, Dich auf das Wichtige im Leben zu konzentrieren. Wenn Du Deine Ausgaben reduzierst, kannst Du Dich auf die Dinge konzentrieren, die Dir wirklich wichtig sind, wie Deine Familie, Freunde, Hobbys oder Ziele.

4. Weniger Abhängigkeit von Arbeit: Durch das Sparen und die Kontrolle Deiner Ausgaben bist Du in der Lage, weniger abhängig von Deinem Job zu sein. Du kannst Deinen Lebensstil anpassen und Dich auf das konzentrieren, was wirklich zählt, anstatt Dich von einem Gehaltsscheck zum nächsten zu leben.

5. Nachhaltigkeit fördern: Durch die Reduzierung von unnötigen Ausgaben und Konsumgütern trägst Du dazu bei, die Umweltbelastung zu reduzieren und die Nachhaltigkeit zu fördern.

6. Mehr Zeit und Freiheit: Frugalismus gibt Dir mehr Zeit und Freiheit, um Dinge zu tun, die Dir wirklich am Herzen liegen. Wenn Du Dich auf das Wesentliche konzentrierst und weniger Zeit und Geld für unnötige Dinge verschwendest, hast Du mehr Zeit und Ressourcen für Dinge, die Dich wirklich erfüllen.

Insgesamt bietet Frugalismus viele Vorteile, die Dir helfen können, finanzielle Freiheit und ein erfülltes Leben zu erreichen. Es geht darum, bewusst mit Deinem Geld umzugehen und Entscheidungen zu treffen, die zu Deinen Zielen und Werten passen. Also, worauf wartest Du noch? Probier Frugalismus aus und schau, wie es Dein Leben verändern kann!

Geschichte des Frugalismus

Der Ursprung des Frugalismus reicht weit zurück. Bereits im antiken Griechenland war es eine Tugend, sparsam und bescheiden zu leben. Sokrates und Platon waren bekannt dafür, einen einfachen Lebensstil zu führen und sich auf das Wesentliche zu konzentrieren.

Im 17. Jahrhundert entstand in den Niederlanden die Bewegung des "Einfachen Lebens", die auf eine ähnliche Philosophie des sparsamen Lebens setzte. Im 18. Jahrhundert wurde der Begriff "Frugalismus" erstmals in Frankreich verwendet, um den Lebensstil der Menschen zu beschreiben, die sich auf das Wesentliche beschränkten und sich auf ihre persönlichen Ziele und Werte konzentrierten.

In den USA wurde der Begriff in den 1960er Jahren durch die "Back-to-the-Land"-Bewegung populär, die sich auf eine selbstversorgende Lebensweise und den Verzicht auf den Konsum von Gütern und Dienstleistungen konzentrierte. In den 1980er Jahren entstand die Bewegung des "Voluntary Simplicity", die einen einfachen und minimalistischen Lebensstil betonte.

In den letzten Jahren hat der Frugalismus eine Renaissance erlebt, vor allem aufgrund der wirtschaftlichen Unsicherheit und des wachsenden Bewusstseins für Umweltfragen. Viele Menschen suchen nach

Möglichkeiten, ihr Leben einfacher und erfüllter zu gestalten, ohne dabei Unmengen an Geld ausgeben zu müssen.

Heute gibt es eine wachsende Gemeinschaft von Frugalisten, die sich gegenseitig unterstützen und Ideen austauschen, um ihren Lebensstil zu verbessern. Das Internet hat es einfacher gemacht, Informationen und Ressourcen zum Thema Frugalismus zu finden und zu teilen, was dazu beigetragen hat, die Bewegung zu verbreiten.

Insgesamt hat der Frugalismus eine lange und reiche Geschichte, die auf die Philosophie des einfachen Lebens und der Bescheidenheit zurückgeht. Es geht darum, bewusst mit seinen Ressourcen umzugehen und Entscheidungen zu treffen, die zu den eigenen Zielen und Werten passen. Der Frugalismus ist ein Lebensstil, der sich an die sich verändernden Bedürfnisse und Herausforderungen anpassen kann und eine nachhaltige und erfüllte Lebensweise fördert.

Geld sparen

<u>Budgetierung</u>

Ein Budget ist eine Planung Deiner Einnahmen und Ausgaben für einen bestimmten Zeitraum. Indem Du ein Budget erstellst, kannst Du Deine Finanzen besser überwachen, Deine Ausgaben reduzieren und Deine finanziellen Ziele erreichen.

Hier sind einige Schritte, um ein Budget zu erstellen:

1. Einnahmen aufschreiben: Notiere alle Einkommensquellen, die Du hast, einschließlich Deines Gehalts, Nebeneinkünften und Zuschüssen.
2. Ausgaben kategorisieren: Liste alle Deine Ausgaben auf und kategorisiere sie in Grundbedürfnisse (wie Miete, Lebensmittel und Transport), variable Ausgaben (wie Kleidung und Unterhaltung) und unregelmäßige Ausgaben (wie Reparaturen oder medizinische Notfälle).
3. Ausgaben reduzieren: Überprüfe Deine Ausgaben und überlege, welche Kosten Du reduzieren oder eliminieren kannst. Kannst Du Deine Essgewohnheiten ändern oder öfter öffentliche Verkehrsmittel nutzen, um Geld zu sparen?
4. Ein Sparziel festlegen: Setze Dir ein Sparziel, um langfristig finanzielle Freiheit zu erreichen. Überlege, wie viel Du jeden Monat sparen möchtest und wie Du es erreichen kannst.
5. Budget einhalten: Halte Dich an Dein Budget und überwache Deine Ausgaben regelmäßig. Vergleiche Deine tatsächlichen Ausgaben mit Deinem Budget und passt es bei Bedarf an.

Ein Budget zu erstellen erfordert etwas Arbeit und Disziplin, aber es lohnt sich. Durch die Überwachung Deiner Ausgaben und das Setzen von Sparzielen kannst Du langfristig finanziell stabiler werden und Deine finanziellen Ziele erreichen.

Es gibt auch zahlreiche Online-Tools und Apps, die Dir helfen können, Dein Budget zu verwalten und zu überwachen. Du kannst auch kostenlose Budgetvorlagen aus dem Internet herunterladen oder ein Excel-Sheet verwenden, um Dein Budget zu erstellen.

Insgesamt kann Budgetierung eine lebensverändernde Erfahrung sein. Es geht darum, bewusst mit Deinem Geld umzugehen und Entscheidungen zu treffen, die Deinen finanziellen Zielen und Werten entsprechen. Mit einem Budget kannst Du Deine Finanzen unter Kontrolle halten und finanzielle Freiheit erreichen.

Sparen im Alltag

1. Lebensmittel einkaufen: Lebensmittel sind einer der größten Ausgabenposten im Haushalt. Indem Du planst, was Du kochen möchtest und eine Einkaufsliste erstellst, kannst Du Lebensmittelverschwendung vermeiden und Geld sparen. Kaufe auch saisonale und lokale Lebensmittel, um Geld zu sparen.
2. Wasser sparen: Wasser ist ein kostbares Gut, also achte darauf, dass Du nicht unnötig Wasser verschwendest. Schließe den Wasserhahn beim Zähneputzen oder Rasieren, und repariere schnell alle Lecks. Auch der Kauf eines wassersparenden

Duschkopfes kann helfen, Wasser und Geld zu sparen.

3. Elektronik ausschalten: Schalte elektronische Geräte aus, wenn Du sie nicht verwendest. Auch wenn sie im Standby-Modus sind, verbrauchen sie immer noch Strom und erhöhen Deine Stromrechnung. Ein einfacher Trick ist auch, eine Mehrfachsteckdose mit An-/Aus-Schalter zu kaufen und alle Geräte auszuschalten, wenn Du sie nicht verwendest.

4. Second-Hand-Kleidung: Second-Hand-Kleidung kann eine großartige Option sein, um Geld zu sparen. Schau Dich in Second-Hand-Läden oder Online-Marktplätzen um, um hochwertige Kleidungsstücke zu einem Bruchteil des Preises zu finden.

5. Energiesparlampen: Energiesparlampen können dabei helfen, Deine Stromrechnung zu senken. Sie verbrauchen weniger Energie als herkömmliche Glühlampen und halten auch länger.

6. Vermeide Impulskäufe: Vermeide unnötige Einkäufe, die Du später bereuen könntest. Überlege, ob Du den Artikel wirklich brauchst und ob es ein Impulskauf ist. Warte einige Tage, bevor Du einen Kauf tätigst, um sicherzustellen, dass Du wirklich das willst, was Du kaufen möchtest.

7. Fahrrad oder öffentliche Verkehrsmittel: Die Verwendung von Fahrrädern oder öffentlichen Verkehrsmitteln kann Geld sparen, insbesondere wenn Du in einer Stadt wohnst. Fahrradfahren ist auch eine großartige Möglichkeit, um fit zu bleiben und die Umweltbelastung zu reduzieren.

Insgesamt gibt es viele Möglichkeiten, um im Alltag Geld zu sparen, ohne auf den Komfort zu verzichten. Indem Du bewusst mit Deinem Geld umgehst und einfache Änderungen in Deinem Leben vornimmst, kannst Du Deine Ausgaben reduzieren und Dein finanzielles Ziel erreichen.

Strategien zur Verringerung von Ausgaben

1. Einschränken von Abonnements: Überprüfe alle Abonnements, die Du hast, wie zum Beispiel Zeitschriften, Streaming-Dienste und Fitnessstudio-Abonnements. Frage Dich selbst, ob Du sie wirklich brauchst und ob Du nicht Geld sparen kannst, indem Du einige Abonnements kündigst oder reduzierst.
2. Vergleich von Versicherungen: Überprüfe regelmäßig Deine Versicherungen, wie z.B. Autoversicherung oder Krankenversicherung, und vergleiche die Preise von verschiedenen Anbietern. Du könntest dabei Geld sparen, indem Du zu einem günstigeren Anbieter wechselst.
3. Vermeidung von Markenprodukten: Markenprodukte sind oft teurer als generische oder No-Name-Produkte. Überprüfe die Preise und vergleiche sie mit anderen Produkten, um sicherzustellen, dass Du das beste Angebot bekommst.
4. Vermeidung von Kreditkartenschulden: Vermeide Kreditkartenschulden, indem Du nur das Geld ausgibst, das Du hast. Wenn Du bereits Schulden hast, arbeite daran, sie so schnell wie möglich abzuzahlen, um Zinsen zu vermeiden.
5. Essensvorräte aufstocken: Halte eine gut gefüllte Vorratskammer, um Geld zu sparen. Kaufe Lebensmittel in großen Mengen, wenn sie im

Angebot sind, und lagere sie in Deiner Vorratskammer. Dadurch kannst Du auch Lebensmittelverschwendung vermeiden.

6. Verkaufen von ungenutzten Gegenständen: Schau Dich in Deinem Haus um und überlege, ob es Gegenstände gibt, die Du nicht mehr brauchst. Verkaufe sie online oder auf einem Flohmarkt, um zusätzliches Geld zu verdienen.

7. Vermeidung von unnötigen Ausgaben: Denke sorgfältig darüber nach, bevor Du Geld ausgibst. Frage Dich, ob Du den Gegenstand wirklich brauchst oder ob Du einfach impulsiv kaufst. Durch die Vermeidung von unnötigen Ausgaben kannst Du Geld sparen und Deine finanzielle Stabilität verbessern.

Insgesamt gibt es viele Strategien, um Deine Ausgaben zu reduzieren und Geld zu sparen. Indem Du bewusst mit Deinem Geld umgehst und einfache Änderungen in Deinem Leben vornimmst, kannst Du Deine finanziellen Ziele erreichen und ein erfülltes Leben führen.

Investieren

Grundlagen der Investition

Investition bedeutet, Geld in Vermögenswerte zu stecken, die in der Zukunft an Wert gewinnen könnten. Es gibt viele verschiedene Arten von Investitionen, von Aktien und Anleihen bis hin zu Immobilien und Rohstoffen.

Hier sind einige Grundlagen, die Du kennen solltest, bevor Du in Investitionen einsteigst:

1. Risiko und Rendite: Jede Investition hat ein Risiko und eine Rendite. Je höher das Risiko, desto höher die mögliche Rendite. Bevor Du eine Investition tätigst, solltest Du Dich über die Risiken und die potenzielle Rendite informieren.
2. Diversifikation: Diversifikation bedeutet, Dein Geld in verschiedene Anlageklassen zu investieren, um das Risiko zu minimieren. Wenn eine Investition nicht erfolgreich ist, kannst Du Dein Geld in anderen Anlageklassen ausgleichen.
3. Investitionsziele: Bevor Du investierst, solltest Du Deine Investitionsziele festlegen. Möchtest Du langfristig Vermögen aufbauen oder kurzfristig Geld verdienen? Deine Ziele werden bestimmen, welche Art von Investitionen für Dich am besten geeignet sind.
4. Zeitrahmen: Je nach Investitionsziel solltest Du einen Zeitrahmen für Deine Investitionen festlegen. Wenn Du zum Beispiel für Deine Rente sparen möchtest, solltest Du langfristig investieren, während kurzfristige Ziele wie eine bevorstehende Anschaffung einen kürzeren Zeitrahmen erfordern.

5. Marktanalysen: Bevor Du eine Investition tätigst, solltest Du eine Marktanalyse durchführen, um Trends und Entwicklungen auf dem Markt zu verstehen. Auf diese Weise kannst Du eine fundierte Entscheidung treffen und das Risiko minimieren.
6. Investitionsstrategien: Es gibt viele verschiedene Investitionsstrategien, von passivem Investieren bis hin zu aktiven Handelsstrategien. Überlege Dir, welche Strategie am besten zu Deinen Zielen und Deinem Zeithorizont passt.

Investitionen können ein wichtiger Teil Deiner finanziellen Strategie sein, um Dein Geld zu vermehren. Aber es ist auch wichtig, vorsichtig zu sein und gut informierte Entscheidungen zu treffen. Indem Du die Grundlagen der Investition kennst und Dich über verschiedene Anlageklassen und Strategien informierst, kannst Du Deine finanziellen Ziele erreichen und ein erfülltes Leben führen.

Anlagestrategien

1. Passives Investieren: Beim passiven Investieren legst Du Dein Geld in Indexfonds oder ETFs an, die den Markt widerspiegeln. Diese Anlagestrategie erfordert weniger Aufwand und ist oft kosteneffektiver als aktives Investieren.
2. Aktives Investieren: Beim aktiven Investieren versuchst Du, durch gezieltes Kaufen und Verkaufen von Aktien und anderen Vermögenswerten höhere Renditen zu erzielen. Diese Anlagestrategie erfordert jedoch mehr Aufwand und birgt auch höhere Risiken.

3. Value-Investing: Das Value-Investing ist eine Anlagestrategie, bei der Du nach unterbewerteten Aktien suchst und sie kaufst. Die Idee dahinter ist, dass der Markt den Wert dieser Aktien in der Zukunft erkennen wird und Du eine hohe Rendite erzielen wirst.
4. Dividendenaktien: Dividendenaktien sind Aktien von Unternehmen, die regelmäßige Dividenden an ihre Aktionäre ausschütten. Durch den Kauf von Dividendenaktien kannst Du regelmäßige Einkünfte erzielen und Dein Geld langfristig vermehren.
5. Festverzinsliche Wertpapiere: Festverzinsliche Wertpapiere wie Anleihen oder Sparbriefe bieten regelmäßige Zinszahlungen und ein stabiles Einkommen. Sie sind jedoch oft weniger risikoreich und bieten auch eine niedrigere Rendite als andere Anlageklassen.
6. Immobilieninvestitionen: Immobilieninvestitionen können eine großartige Möglichkeit sein, Dein Geld langfristig zu vermehren. Du kannst in Immobilien investieren, um Mieteinnahmen zu generieren oder durch den Verkauf von Immobilien einen Gewinn zu erzielen.
7. Rohstoffe: Rohstoffe wie Gold oder Öl können eine Investitionsoption sein, um Dein Portfolio zu diversifizieren. Sie bieten oft eine niedrige Korrelation zu anderen Anlageklassen und können Dein Portfolio stabilisieren.

Insgesamt gibt es viele verschiedene Anlagestrategien, die Du nutzen kannst, um Dein Geld zu vermehren. Jede Anlagestrategie hat ihre eigenen Vor- und Nachteile, und es ist wichtig, dass Du Dich über die Risiken und die potenzielle Rendite informierst, bevor Du investierst. Indem Du Dich über verschiedene Anlageklassen und

Strategien informierst, kannst Du fundierte Entscheidungen treffen und Dein Geld langfristig vermehren.

Risikomanagement

1. Diversifikation: Diversifikation bedeutet, Dein Geld in verschiedene Anlageklassen und Branchen zu investieren, um das Risiko zu minimieren. Wenn eine Investition nicht erfolgreich ist, kannst Du Dein Geld in anderen Anlageklassen ausgleichen.
2. Asset-Allokation: Die Asset-Allokation bezieht sich darauf, wie Du Dein Geld in verschiedene Anlageklassen wie Aktien, Anleihen und Rohstoffe verteilst. Du solltest Dein Portfolio basierend auf Deinen Zielen und Deinem Risikoprofil diversifizieren.
3. Stop-Loss-Orders: Eine Stop-Loss-Order ist eine Anweisung an Deinen Broker, eine Aktie zu verkaufen, wenn sie einen bestimmten Preis erreicht. Auf diese Weise kannst Du Deine Verluste begrenzen und Dein Portfolio schützen.
4. Limit-Orders: Eine Limit-Order ist eine Anweisung an Deinen Broker, eine Aktie zu einem bestimmten Preis zu kaufen oder zu verkaufen. Dadurch kannst Du Deine Investitionen automatisch steuern und Dein Risiko minimieren.
5. Rebalancing: Rebalancing bedeutet, Dein Portfolio regelmäßig zu überprüfen und anzupassen, um sicherzustellen, dass es Deinen Anlagezielen und Deinem Risikoprofil entspricht. Wenn eine Anlageklasse zu viel Gewicht hat, kannst Du sie reduzieren und in andere Anlageklassen investieren.

6. Analyse von Fundamentaldaten: Die Analyse von Fundamentaldaten bezieht sich darauf, die Finanzdaten eines Unternehmens zu überprüfen, um zu entscheiden, ob es eine gute Investition ist. Indem Du die Fundamentaldaten analysierst, kannst Du fundierte Entscheidungen treffen und das Risiko minimieren.

7. Vermeidung von emotionalen Entscheidungen: Emotionale Entscheidungen können zu Fehlern und hohen Verlusten führen. Vermeide impulsives Handeln und Entscheidungen, die auf Angst oder Gier basieren. Stattdessen solltest Du rational handeln und auf fundierten Daten basierende Entscheidungen treffen.

Insgesamt gibt es viele verschiedene Risikomanagement-Strategien, die Du nutzen kannst, um Deine Investitionen abzusichern und Dein Risiko zu minimieren. Indem Du Deine Investitionen diversifizierst, Dein Portfolio regelmäßig überprüfst und auf fundierten Daten basierende Entscheidungen triffst, kannst Du Dein Portfolio erfolgreich managen und Deine finanziellen Ziele erreichen.

Schuldenabbau

Warum Schuldenabbau wichtig ist

1. Finanzielle Freiheit: Schuldenabbau kann Dir finanzielle Freiheit geben. Wenn Du Deine Schulden abbezahlst, hast Du mehr Geld zur Verfügung, um Deine Ziele zu erreichen und Dein Leben zu genießen.
2. Bessere Kreditwürdigkeit: Je weniger Schulden Du hast, desto besser ist Deine Kreditwürdigkeit. Dies bedeutet, dass Du leichter Kredite aufnehmen oder Kreditkarten erhalten kannst, wenn Du sie benötigst.
3. Weniger Stress: Schulden können viel Stress verursachen. Wenn Du Schulden hast, musst Du Dich ständig Gedanken darüber machen, wie Du sie abbezahlen kannst. Durch den Abbau von Schulden kannst Du diesen Stress reduzieren und ein ruhigeres Leben führen.
4. Niedrigere Zinsen: Schulden bedeuten oft auch hohe Zinszahlungen. Wenn Du Deine Schulden abbaust, zahlst Du weniger Zinsen und hast somit mehr Geld zur Verfügung, um Deine finanziellen Ziele zu erreichen.
5. Bessere finanzielle Stabilität: Schulden können auch Deine finanzielle Stabilität gefährden. Wenn Du plötzlich Deinen Job verlierst oder eine unerwartete Ausgabe hast, können Schulden es schwieriger machen, damit umzugehen. Durch den Abbau von Schulden kannst Du Deine finanzielle Stabilität verbessern und Dich besser auf unvorhergesehene Ereignisse vorbereiten.
6. Erhöhung Deines Nettovermögens: Schulden mindern Dein Nettovermögen, da Du mehr

Schulden als Vermögenswerte hast. Durch den Abbau von Schulden kannst Du Dein Nettovermögen erhöhen und Dich auf den Aufbau von Vermögenswerten konzentrieren.

Insgesamt gibt es viele Gründe, warum es so wichtig ist, Schulden abzubauen. Es kann Dir finanzielle Freiheit geben, Deine Kreditwürdigkeit verbessern, Stress reduzieren und Deine finanzielle Stabilität verbessern. Durch den Abbau von Schulden kannst Du Dein Nettovermögen erhöhen und Dich auf den Aufbau von Vermögenswerten konzentrieren.

Strategien zur Schuldenreduzierung

1. Budgetierung: Die Budgetierung ist eine wichtige Strategie, um Schulden abzubauen. Indem Du Deine Ausgaben reduzierst und Dein Geld effektiver einsetzt, kannst Du mehr Geld zur Tilgung Deiner Schulden verwenden.
2. Schuldenrangfolge: Eine weitere wichtige Strategie ist die Schuldenrangfolge. Durch die Konzentration auf Schulden mit höheren Zinsen, kannst Du die Zinszahlungen reduzieren und schneller Schulden abbauen.
3. Schuldenkonsolidierung: Schuldenkonsolidierung bezieht sich auf das Zusammenlegen mehrerer Schulden zu einer Zahlung. Dadurch kannst Du Deine Schulden reduzieren und Zinszahlungen sparen. Du solltest jedoch darauf achten, dass Du keine höheren Zinsen zahlst oder mehr Schulden aufnimmst.

4. Verhandlung von Zinssätzen: Die Verhandlung von Zinssätzen ist eine weitere Strategie, um Schulden zu reduzieren. Durch die Verhandlung niedrigerer Zinssätze oder die Übertragung von Schulden auf Kreditkarten mit niedrigeren Zinssätzen, kannst Du Deine Zinszahlungen reduzieren.

5. Nebeneinkünfte: Eine weitere Strategie ist, zusätzliche Einkünfte zu erzielen, um Deine Schulden abzubauen. Du kannst einen Nebenjob annehmen oder Deine Fähigkeiten nutzen, um ein zusätzliches Einkommen zu erzielen.

6. Schuldenschnitt: Der Schuldenschnitt ist eine extreme Strategie, bei der Du einen Teil Deiner Schulden abschreibst. Dies kann helfen, Deine Schuldenlast zu reduzieren, aber es ist wichtig, dass Du diese Entscheidung sorgfältig abwägst und Dich mit Deinen Gläubigern absprichst.

Insgesamt gibt es viele Strategien, um Schulden zu reduzieren. Indem Du Deine Ausgaben reduzierst, Schuldenrangfolge einhältst, Schulden konsolidierst, Zinssätze verhandelst, zusätzliche Einkünfte erzielst oder einen Schuldenschnitt in Betracht ziehst, kannst Du Deine Schulden abbauen und Dich auf den Weg zur finanziellen Freiheit machen.

Schuldenfreiheit erreichen

Möchtest Du lernen, wie Du Deine Schulden abbauen und Schuldenfreiheit erreichen kannst? Dann lass uns gemeinsam einige Schritte entdecken!

1. Mach Dir bewusst, wie viel Du schuldest: Der erste Schritt, um Schuldenfreiheit zu erreichen, ist, Dir bewusst zu machen, wie viel Du schuldest. Erstelle eine Liste aller Deiner Schulden und berechne, wie viel Du jeden Monat für Zinszahlungen zahlst. Das wird Dir helfen, Dein Ziel und die erforderlichen Schritte zu ermitteln.

2. Erstelle einen Plan: Nachdem Du eine Liste Deiner Schulden erstellt hast, solltest Du einen Plan erstellen, um sie abzubezahlen. Dies kann eine Kombination aus Budgetierung, Schuldenrangfolge, Schuldenkonsolidierung und zusätzlichen Einkünften umfassen.

3. Reduziere Deine Ausgaben: Eine wichtige Strategie, um Schuldenfreiheit zu erreichen, ist, Deine Ausgaben zu reduzieren. Erstelle ein Budget und reduziere Deine Ausgaben, wo es möglich ist. Dadurch kannst Du mehr Geld für die Tilgung Deiner Schulden verwenden.

4. Konzentriere Dich auf Schulden mit höheren Zinsen: Eine wichtige Strategie ist die Konzentration auf Schulden mit höheren Zinsen. Dadurch kannst Du Deine Zinszahlungen reduzieren und schneller Schulden abbauen.

5. Such nach zusätzlichen Einkünften: Eine weitere Strategie ist, zusätzliche Einkünfte zu erzielen, um Deine Schulden abzubauen. Du kannst einen Nebenjob annehmen oder Deine Fähigkeiten nutzen, um ein zusätzliches Einkommen zu erzielen.

6. Überwache Deinen Fortschritt: Es ist wichtig, Deinen Fortschritt bei der Tilgung Deiner Schulden zu überwachen. Verfolge Deine Fortschritte regelmäßig, um sicherzustellen, dass Du auf dem richtigen Weg bist.

7. Belohne Dich selbst: Schuldenfreiheit zu erreichen, erfordert Disziplin und Geduld. Belohne Dich selbst für Deine Fortschritte, um motiviert zu bleiben.

Insgesamt gibt es viele Schritte, die Du unternehmen kannst, um Schuldenfreiheit zu erreichen. Durch das Erstellen eines Plans, die Konzentration auf Schulden mit höheren Zinsen, Reduzierung von Ausgaben, zusätzliche Einkünfte und Überwachung Deines Fortschritts, kannst Du Deine Schulden abbauen und ein Leben ohne finanzielle Belastung führen.

Konsumverzicht

Verzicht auf Konsumgüter

1. Identifiziere Deine Bedürfnisse und Prioritäten: Identifiziere, welche Konsumgüter Du wirklich brauchst und welche nur Wünsche sind. Priorisiere Deine Bedürfnisse und Kaufentscheidungen entsprechend.
2. Kaufe gebrauchte Gegenstände: Gebrauchte Gegenstände sind oft viel günstiger als neue. Überleg Dir, ob Du gebrauchte Gegenstände kaufen kannst, anstatt neue zu kaufen.
3. Verzichte auf Markenprodukte: Markenprodukte sind oft teurer als No-Name-Produkte. Überleg Dir, ob Du auf Markenprodukte verzichten und stattdessen No-Name-Produkte kaufen kannst.
4. Kaufe nur das Nötigste: Kaufe nur das Nötigste und reduziere unnötige Ausgaben. Überleg Dir, ob Du wirklich jeden Monat neue Kleidung oder das neueste technische Gerät brauchst.
5. Vermeide Impulskäufe: Impulskäufe können schnell Dein Budget sprengen. Überleg Dir, ob Du wirklich etwas brauchst, bevor Du es kaufst.
6. Verzichte auf teure Freizeitaktivitäten: Teure Freizeitaktivitäten können schnell Dein Budget sprengen. Überleg Dir, ob Du auf teure Freizeitaktivitäten verzichten und stattdessen kostenlose oder günstigere Aktivitäten ausüben kannst.
7. Kaufe in Bulk: Wenn Du Lebensmittel und andere Verbrauchsmaterialien in Bulk kaufst, kannst Du Geld sparen. Überleg Dir, ob Du große Mengen von Produkten kaufen kannst, die Du regelmäßig benutzt.

Insgesamt gibt es viele Möglichkeiten, wie Du auf Konsumgüter verzichten und dadurch Geld sparen kannst. Durch Identifizierung Deiner Bedürfnisse und Prioritäten, Kauf von gebrauchten Gegenständen, Verzicht auf Markenprodukte, Kauf von nur dem Nötigsten, Vermeidung von Impulskäufen, Verzicht auf teure Freizeitaktivitäten und Kauf von Produkten in Bulk, kannst Du Dein Budget reduzieren und Deine finanziellen Ziele erreichen.

Minimalismus und Einfachheit

1. Weniger Stress: Minimalismus und Einfachheit können Dir helfen, Stress abzubauen. Indem Du Dich auf das Wesentliche konzentrierst und unnötige Belastungen beseitigst, kannst Du ein einfacheres und stressfreieres Leben führen.
2. Mehr Zeit: Minimalismus und Einfachheit können Dir auch mehr Zeit geben. Indem Du Dich auf das Wesentliche konzentrierst, kannst Du Zeit sparen und Dich auf das konzentrieren, was wirklich wichtig ist.
3. Mehr Geld: Minimalismus und Einfachheit können Dir auch mehr Geld geben. Indem Du Deine Ausgaben reduzierst und Dich auf das konzentrierst, was wirklich wichtig ist, kannst Du Geld sparen und Deine finanziellen Ziele schneller erreichen.
4. Bessere Gesundheit: Minimalismus und Einfachheit können auch Deine Gesundheit verbessern. Indem Du Dich von unnötigem Besitz und Stress befreist, kannst Du Dich auf Deine Gesundheit konzentrieren und ein gesünderes Leben führen.

5. Weniger Ablenkungen: Minimalismus und Einfachheit können Dir auch helfen, Ablenkungen zu reduzieren. Indem Du Dich auf das Wesentliche konzentrierst, kannst Du Dich auf Deine Ziele und Interessen konzentrieren und Dich von unnötigen Ablenkungen befreien.
6. Weniger Umweltbelastung: Minimalismus und Einfachheit können auch die Umweltbelastung reduzieren. Indem Du Dich von unnötigem Besitz befreist, reduzierst Du den Ressourcenverbrauch und trägst dazu bei, die Umwelt zu schonen.

Insgesamt gibt es viele Vorteile von Minimalismus und Einfachheit. Weniger Stress, mehr Zeit, mehr Geld, bessere Gesundheit, weniger Ablenkungen und weniger Umweltbelastung sind nur einige davon. Indem Du Dich von unnötigem Besitz befreist und Dich auf das konzentrierst, was wirklich wichtig ist, kannst Du ein erfüllteres Leben führen.

Konsumbewusstsein entwickeln

1. Hinterfrage Deinen Konsum: Hinterfrage Deinen Konsum und stelle Dir die Frage, ob Du wirklich jedes neue Produkt brauchst. Reflektiere Deinen Konsum und identifiziere, welche Kaufentscheidungen wirklich notwendig sind.
2. Informiere Dich über Produkte: Informiere Dich über Produkte, bevor Du sie kaufst. Finde heraus, woher sie stammen, wie sie produziert wurden und welche Auswirkungen sie auf die Umwelt und Gesellschaft haben.

3. Kaufe nachhaltige Produkte: Kaufe nachhaltige Produkte, die aus umweltfreundlichen Materialien hergestellt wurden und unter fairen Arbeitsbedingungen produziert wurden.

4. Vermeide Einwegprodukte: Vermeide Einwegprodukte und wähle stattdessen langlebige Produkte aus, die wiederverwendbar sind und weniger Abfall produzieren.

5. Unterstütze lokale Unternehmen: Unterstütze lokale Unternehmen, die nachhaltige Produkte herstellen oder umweltfreundliche Praktiken anwenden.

6. Kaufe weniger Produkte: Kaufe weniger Produkte und nutze das, was Du bereits hast, bevor Du neue Produkte kaufst. Überlege Dir, ob Du wirklich jedes Jahr das neueste Handy brauchst oder ob das alte noch funktioniert.

7. Verwende Recycling-Produkte: Verwende Recycling-Produkte, die aus recyceltem Material hergestellt wurden und dadurch die Umweltbelastung reduzieren.

Insgesamt gibt es viele Schritte, die Du unternehmen kannst, um ein Konsumbewusstsein zu entwickeln und nachhaltigere Kaufentscheidungen zu treffen. Durch Hinterfragen Deines Konsums, Informieren über Produkte, Kauf nachhaltiger Produkte, Vermeidung von Einwegprodukten, Unterstützung lokaler Unternehmen, Kauf weniger Produkte und Verwendung von Recycling-Produkten, kannst Du Deinen Konsum nachhaltiger und umweltfreundlicher gestalten.

Lebensmittel und Ernährung

Gesunde Ernährung auf einem Budget

1. Kaufe saisonale Lebensmittel: Kaufe saisonale Lebensmittel, die gerade frisch verfügbar sind. Sie sind oft günstiger und enthalten mehr Nährstoffe als importierte Lebensmittel.
2. Kaufe lokale Lebensmittel: Kaufe lokale Lebensmittel, die in Deiner Region angebaut wurden. Sie sind oft günstiger als importierte Lebensmittel und haben einen geringeren CO_2-Fußabdruck.
3. Vermeide verarbeitete Lebensmittel: Vermeide verarbeitete Lebensmittel, die oft teuer und ungesund sind. Kaufe stattdessen frische Zutaten und bereite Deine Mahlzeiten selbst zu.
4. Kaufe in Bulk: Kaufe Lebensmittel in Bulk, die Du regelmäßig benutzt. So kannst Du Geld sparen und Lebensmittelverschwendung reduzieren.
5. Vermeide teure Proteinquellen: Vermeide teure Proteinquellen wie Fleisch und Fisch und wähle stattdessen günstigere Optionen wie Hülsenfrüchte und Nüsse.
6. Koche mehrere Portionen: Koche mehrere Portionen auf einmal und friere sie ein. So hast Du immer eine gesunde Mahlzeit zur Hand und vermeidest den Kauf von ungesunden Fertiggerichten.
7. Nutze Reste: Nutze Reste und bereite aus ihnen neue Mahlzeiten zu. So vermeidest Du Lebensmittelverschwendung und sparst Geld.

Insgesamt gibt es viele Möglichkeiten, wie Du Dich gesund ernähren und dabei Dein Budget einhalten kannst. Durch

Kauf saisonaler und lokaler Lebensmittel, Vermeidung verarbeiteter Lebensmittel, Kauf in Bulk, Vermeidung teurer Proteinquellen, Kochen mehrerer Portionen und Nutzung von Resten, kannst Du Deine Gesundheit verbessern und Geld sparen.

Lebensmittelverschwendung vermeiden

1. Plane Deine Mahlzeiten im Voraus: Plane Deine Mahlzeiten im Voraus und erstelle eine Einkaufsliste. So vermeidest Du den Kauf unnötiger Lebensmittel und reduzierst die Verschwendung.
2. Kaufe nur das, was Du brauchst: Kaufe nur das, was Du wirklich brauchst und vermeide Überkäufe. Überlege Dir, welche Lebensmittel Du in den nächsten Tagen wirklich benötigst.
3. Lagere Lebensmittel richtig: Lagere Lebensmittel richtig, um ihre Haltbarkeit zu verlängern. Halte Deinen Kühlschrank sauber und organisiert und bewahre Lebensmittel in verschließbaren Behältern auf.
4. Nutze Reste: Nutze Reste und bereite aus ihnen neue Mahlzeiten zu. So vermeidest Du Lebensmittelverschwendung und sparst Geld.
5. Verwende gefrorene Lebensmittel: Verwende gefrorene Lebensmittel, die eine längere Haltbarkeit haben als frische Lebensmittel.
6. Verwende das älteste Lebensmittel zuerst: Verwende das älteste Lebensmittel zuerst und vermeide, dass Lebensmittel ablaufen oder schlecht werden.
7. Mach Dir bewusst, wie viel Du verschwendest: Mach Dir bewusst, wie viel Du verschwendest,

indem Du Deine Essgewohnheiten und Deinen Abfall überwachst. So kannst Du gezielt Maßnahmen ergreifen, um Deine Lebensmittelverschwendung zu reduzieren.

Insgesamt gibt es viele Möglichkeiten, wie Du Lebensmittelverschwendung vermeiden und dabei Dein Budget schonen kannst. Durch Planung Deiner Mahlzeiten im Voraus, Kauf nur des Nötigsten, richtige Lagerung von Lebensmitteln, Nutzung von Resten, Verwendung von gefrorenen Lebensmitteln, Verwendung des ältesten Lebensmittels zuerst und Bewusstwerdung Deiner Essgewohnheiten, kannst Du Lebensmittelverschwendung reduzieren und Geld sparen.

Selbstversorgung und Gartenbau

1. Finde den richtigen Platz: Finde den richtigen Platz für Deinen Garten und berücksichtige die Sonneneinstrahlung, den Boden und die Größe des Gartens.
2. Wähle die richtigen Pflanzen: Wähle Pflanzen, die in Deinem Klima und Boden wachsen können. Überlege Dir auch, welche Pflanzen Du am häufigsten isst.
3. Säe und pflanze zur richtigen Zeit: Säe und pflanze Deine Pflanzen zur richtigen Zeit, um eine optimale Ernte zu erzielen.
4. Bewässere richtig: Bewässere Deine Pflanzen richtig und halte den Boden feucht, aber nicht zu nass.
5. Schütze Deine Pflanzen: Schütze Deine Pflanzen vor Schädlingen und Krankheiten. Verwende

umweltfreundliche Methoden wie natürliche Insektizide und Pflanzenabdeckungen.

6. Ernte zum richtigen Zeitpunkt: Ernte Deine Pflanzen zum richtigen Zeitpunkt, um eine optimale Geschmacksqualität und Nährstoffdichte zu erreichen.

7. Nutze Deine Ernte: Nutze Deine Ernte und bereite aus ihr leckere Mahlzeiten zu. Du kannst auch überschüssiges Obst und Gemüse einfrieren oder konservieren, um es später zu verwenden.

Insgesamt gibt es viele Möglichkeiten, wie Du Dich selbst versorgen und frische, gesunde Lebensmittel anbauen kannst. Durch Auswahl der richtigen Pflanzen, Säen und Pflanzen zur richtigen Zeit, Bewässerung, Schutz vor Schädlingen und Krankheiten, Ernte zum richtigen Zeitpunkt und Nutzung Deiner Ernte, kannst Du Deine Selbstversorgung und Gartenbau-Fähigkeiten verbessern.

Wohnen

Wohnen auf kleinem Raum

1. Plane Deinen Raum: Plane Deinen Raum sorgfältig und nutze jeden Quadratmeter optimal. Überlege Dir, welche Möbel und Gegenstände Du wirklich brauchst und wie Du sie am besten arrangierst.
2. Wähle multifunktionale Möbel: Wähle multifunktionale Möbel, die mehrere Zwecke erfüllen können. Ein Beispiel hierfür ist ein Sofa, das auch als Bett genutzt werden kann.
3. Nutze den vertikalen Raum: Nutze den vertikalen Raum in Deiner Wohnung und hänge Regale, Schränke und andere Aufbewahrungsmöglichkeiten an die Wände.
4. Verwende helle Farben: Verwende helle Farben für Wände, Böden und Möbel, um den Raum größer und offener erscheinen zu lassen.
5. Reduziere unnötigen Besitz: Reduziere unnötigen Besitz und halte Deine Wohnung minimalistisch. Verkaufe oder spende Gegenstände, die Du nicht mehr brauchst.
6. Nutze natürliche Lichtquellen: Nutze natürliche Lichtquellen wie Fenster und Türen und vermeide schwere Vorhänge oder Verdunkelungen.
7. Schaffe Ordnung: Schaffe Ordnung und halte Deine Wohnung sauber und aufgeräumt. Dies hilft nicht nur, den Raum größer erscheinen zu lassen, sondern fördert auch eine positive Einstellung.

Insgesamt gibt es viele Möglichkeiten, wie Du auf kleinem Raum wohnen und dabei komfortabel und funktional leben kannst. Durch sorgfältige Raumplanung, Verwendung von multifunktionalen Möbeln, Nutzung des vertikalen Raums,

Verwendung von hellen Farben, Reduzierung unnötigen Besitzes, Nutzung von natürlichen Lichtquellen und Schaffung von Ordnung, kannst Du Deine Wohnung optimal nutzen.

Wohnen im Tiny House

1. Finde das richtige Tiny House: Finde das richtige Tiny House, das Deinen Bedürfnissen und Deinem Budget entspricht. Du kannst ein Tiny House kaufen oder selbst bauen.
2. Plane Deinen Raum: Plane Deinen Raum sorgfältig und nutze jeden Quadratmeter optimal. Überlege Dir, welche Möbel und Gegenstände Du wirklich brauchst und wie Du sie am besten arrangierst.
3. Wähle multifunktionale Möbel: Wähle multifunktionale Möbel, die mehrere Zwecke erfüllen können. Ein Beispiel hierfür ist ein Sofa, das auch als Bett genutzt werden kann.
4. Nutze den vertikalen Raum: Nutze den vertikalen Raum in Deinem Tiny House und hänge Regale, Schränke und andere Aufbewahrungsmöglichkeiten an die Wände.
5. Verwende helle Farben: Verwende helle Farben für Wände, Böden und Möbel, um den Raum größer und offener erscheinen zu lassen.
6. Nutze natürliche Lichtquellen: Nutze natürliche Lichtquellen wie Fenster und Türen und vermeide schwere Vorhänge oder Verdunkelungen.
7. Schaffe Ordnung: Schaffe Ordnung und halte Dein Tiny House sauber und aufgeräumt. Dies hilft nicht nur, den Raum größer erscheinen zu lassen, sondern fördert auch eine positive Einstellung.

8. Nutze erneuerbare Energiequellen: Nutze erneuerbare Energiequellen wie Solarenergie oder Windkraft, um Dein Tiny House mit Strom zu versorgen und Energiekosten zu sparen.
9. Verwende nachhaltige Baumaterialien: Verwende nachhaltige Baumaterialien wie recycelte oder wiederverwendete Materialien, um Dein Tiny House zu bauen und die Umwelt zu schonen.
10. Halte Dich an lokale Bauvorschriften: Halte Dich an lokale Bauvorschriften und Gesetze, um Probleme mit der Regierung oder Nachbarn zu vermeiden.

Insgesamt gibt es viele Möglichkeiten, wie Du im Tiny House wohnen und dabei komfortabel und nachhaltig leben kannst. Durch sorgfältige Raumplanung, Verwendung von multifunktionalen Möbeln, Nutzung des vertikalen Raums, Verwendung von hellen Farben, Nutzung von natürlichen Lichtquellen, Schaffung von Ordnung, Nutzung erneuerbarer Energiequellen, Verwendung nachhaltiger Baumaterialien und Einhaltung lokaler Bauvorschriften, kannst Du Dein Tiny House optimal nutzen.

Alternative Wohnformen

1. Tiny Houses: Tiny Houses sind kleine, tragbare Häuser, die oft auf Rädern stehen und sich ideal für minimalistisches Leben eignen. Es gibt viele verschiedene Arten von Tiny Houses, von DIY-Modellen bis hin zu professionell gebauten Tiny Houses.
2. Gemeinschaftliches Wohnen: Gemeinschaftliches Wohnen bezieht sich auf Wohnformen, bei denen Menschen zusammen leben und Ressourcen teilen.

Beispiele hierfür sind Wohngemeinschaften, Co-Housing-Gemeinschaften und Kommunen.

3. Mobile Häuser: Mobile Häuser sind Wohnungen, die auf Rädern oder Anhängern montiert sind und sich leicht bewegen lassen. Sie eignen sich perfekt für Menschen, die gerne reisen oder in der Natur leben möchten.

4. Lebendige Schiffe: Lebendige Schiffe sind alte Schiffe, die in Wohnungen umgewandelt wurden. Sie sind ideal für Menschen, die am Wasser leben möchten und eine alternative Lebensweise suchen.

5. Erdbau- und Lehmbauhäuser: Erdbau- und Lehmbauhäuser sind Häuser, die aus natürlichen Materialien wie Erde, Lehm und Stroh gebaut sind. Sie sind umweltfreundlich, energieeffizient und ideal für Menschen, die nachhaltig und umweltbewusst leben möchten.

6. Baumhäuser: Baumhäuser sind Wohnungen, die in den Bäumen gebaut sind. Sie sind ideal für Menschen, die die Natur lieben und eine alternative Lebensweise suchen.

7. Containerhäuser: Containerhäuser sind Wohnungen, die aus umgebauten Versandcontainern bestehen. Sie sind günstig, langlebig und ideal für Menschen, die minimalistisch und nachhaltig leben möchten.

Insgesamt gibt es viele alternative Wohnformen, aus denen Du wählen kannst. Durch das Ausprobieren einer neuen Wohnform kannst Du Dein Leben bereichern und neue Erfahrungen sammeln. Egal, ob Du in einem Tiny House, einer Wohngemeinschaft, einem mobilen Haus, einem lebenden Schiff, einem Erdbau- oder Lehmbauhaus, einem Baumhaus oder einem Containerhaus wohnst, Du kannst eine alternative Lebensweise genießen und Dein Leben nach Deinen eigenen Vorstellungen gestalten.

Transport

Fahrradfahren

1. Fahrrad auswählen: Wähle ein Fahrrad, das Deinen Bedürfnissen entspricht. Überlege Dir, ob Du ein Rennrad, Mountainbike, Citybike oder ein anderes Fahrrad brauchst.
2. Sicherheit geht vor: Sicherheit geht immer vor! Trage einen Helm, benutze Lichter und Reflektoren, um bei schlechten Lichtverhältnissen besser sichtbar zu sein, und trage helle oder reflektierende Kleidung.
3. Planung der Route: Plane Deine Route sorgfältig, um den schnellsten und sichersten Weg zu finden. Nutze Google Maps oder andere Navigations-Apps, um den besten Weg zu finden.
4. Wartung des Fahrrads: Halte Dein Fahrrad regelmäßig gewartet und überprüfe die Reifen, Bremsen und Kette vor jeder Fahrt.
5. Fahrradzubehör: Nutze Fahrradzubehör wie Körbe, Gepäckträger oder Satteltaschen, um Deine Einkäufe und andere Gegenstände zu transportieren.
6. Fahrradfreundliche Infrastruktur: Nutze Fahrradfreundliche Infrastruktur, wie Fahrradwege oder getrennte Radwege auf Straßen.
7. Fahrradgruppen: Schließe Dich einer Fahrradgruppe an, um motiviert zu bleiben und neue Leute kennenzulernen.
8. Vorteile des Fahrradfahrens: Erwäge die vielen Vorteile des Fahrradfahrens, wie bessere Gesundheit, mehr Energie, weniger Kosten und eine bessere Umweltbilanz.

Insgesamt gibt es viele Gründe, warum Du das Fahrradfahren als effektive und umweltfreundliche Transportmethode nutzen solltest. Durch die Wahl des richtigen Fahrrads, Priorisierung der Sicherheit, sorgfältige Routenplanung, regelmäßige Wartung, Verwendung von Fahrradzubehör, Nutzung von Fahrradfreundlicher Infrastruktur, Teilnahme an Fahrradgruppen und das Erwägen der vielen Vorteile des Fahrradfahrens kannst Du Dich motivieren und Dein Leben positiv verändern.

Öffentliche Verkehrsmittel nutzen

1. Fahrpläne checken: Überprüfe die Fahrpläne und finde heraus, wann die öffentlichen Verkehrsmittel fahren. Auf diese Weise kannst Du sicherstellen, dass Du Deine Ziele pünktlich erreichst.
2. Tickets kaufen: Besorge Dir die passenden Tickets und stelle sicher, dass Du das richtige Ticket kaufst, um Geld und Zeit zu sparen.
3. Ersparnis durch Fahrkarten: Nutze die Vorteile von Tages- oder Monatskarten, um Geld zu sparen.
4. Sicherheit: Sicherheit geht immer vor! Achte darauf, dass Du Dich in öffentlichen Verkehrsmitteln sicher fühlst und wähle eine sichere Route.
5. ÖPNV-Apps: Nutze ÖPNV-Apps, um Deine Routen zu planen und Deine Fahrkarten zu kaufen.
6. Fahrpläne online prüfen: Prüfe die Fahrpläne online, um schnell und einfach nachzuschauen, wann und wo Busse und Bahnen fahren.
7. Entspannung: Nutze die Fahrzeit in öffentlichen Verkehrsmitteln, um Dich zu entspannen, ein Buch zu lesen oder Musik zu hören.

8. Vorteile der öffentlichen Verkehrsmittel: Erwäge die vielen Vorteile der öffentlichen Verkehrsmittel, wie eine verbesserte Umweltbilanz, geringere Kosten, geringere Umweltbelastung und mehr Zeit, um andere Dinge zu erledigen.

Insgesamt gibt es viele Gründe, warum Du öffentliche Verkehrsmittel als effektive und umweltfreundliche Transportmethode nutzen solltest. Durch das Überprüfen der Fahrpläne, den Kauf von passenden Tickets, Nutzung von Tages- oder Monatskarten, Wahrung der Sicherheit, Nutzung von ÖPNV-Apps, Überprüfen der Fahrpläne online, Entspannung während der Fahrzeit und das Erwägen der vielen Vorteile der öffentlichen Verkehrsmittel kannst Du Dich motivieren und Dein Leben positiv verändern.

Carsharing und Mitfahrgelegenheiten

1. Carsharing-Anbieter finden: Finde einen Carsharing-Anbieter in Deiner Nähe und suche nach dem besten Angebot für Deine Bedürfnisse.
2. Kosten für Carsharing: Überlege Dir, welche Kosten für Carsharing anfallen und wie Du diese Kosten reduzieren kannst.
3. Registrierung für Carsharing: Registriere Dich für Carsharing und stelle sicher, dass Du alle Anforderungen erfüllst.
4. Mitfahrgelegenheiten finden: Finde Mitfahrgelegenheiten durch soziale Netzwerke, Online-Plattformen oder Bekannte.

5. Kosten für Mitfahrgelegenheiten: Überlege Dir, welche Kosten für Mitfahrgelegenheiten anfallen und wie Du diese Kosten reduzieren kannst.
6. Sicherheit: Sicherheit geht immer vor! Achte darauf, dass Du Dich bei Carsharing und Mitfahrgelegenheiten sicher fühlst und wähle sichere Angebote.
7. Ökobilanz: Erwäge die vielen Vorteile von Carsharing und Mitfahrgelegenheiten für die Umwelt, wie eine verbesserte Ökobilanz und geringere CO_2-Emissionen.
8. Flexibilität: Nutze die Flexibilität von Carsharing und Mitfahrgelegenheiten, um Deine Reisepläne anzupassen und Zeit und Geld zu sparen.

Insgesamt gibt es viele Gründe, warum Du Carsharing und Mitfahrgelegenheiten als effektive und umweltfreundliche Transportmethode nutzen solltest. Durch die Suche nach Carsharing-Anbietern, Überlegung der Kosten, Registrierung für Carsharing, Suche nach Mitfahrgelegenheiten, Überlegung der Kosten für Mitfahrgelegenheiten, Wahrung der Sicherheit, Erwägung der Vorteile für die Umwelt und Flexibilität kannst Du Dich motivieren und Dein Leben positiv verändern.

Arbeit und Karriere

Jobsuche und Bewerbung

1. Stellenangebote suchen: Suche nach Stellenangeboten in verschiedenen Quellen, wie Jobbörsen, Zeitungen, Unternehmenswebsites oder Netzwerken.
2. Deine Fähigkeiten und Interessen definieren: Definiere Deine Fähigkeiten und Interessen, um die geeigneten Stellenangebote zu finden und Dich auf diese zu konzentrieren.
3. Netzwerken: Nutze Dein Netzwerk, um Stellenangebote zu finden und Kontakte zu knüpfen.
4. Bewerbungsunterlagen: Erstelle aussagekräftige Bewerbungsunterlagen, wie einen Lebenslauf und ein Anschreiben, um Dich von anderen Bewerbern abzuheben.
5. Bewerbungsgespräche: Bereite Dich auf Bewerbungsgespräche vor, indem Du Dich über das Unternehmen und die Stelle informierst, um sicherzustellen, dass Du gut vorbereitet bist.
6. Dresscode: Achte auf den Dresscode, um im Bewerbungsgespräch einen guten Eindruck zu hinterlassen.
7. Follow-Up: Follow-Up nach dem Bewerbungsgespräch, um Dein Interesse an der Stelle und am Unternehmen zu zeigen.
8. Karrieremöglichkeiten: Erwäge Karrieremöglichkeiten und potenzielle Entwicklungspfade bei einem Unternehmen, um Deine langfristigen Karriereziele zu erreichen.

Insgesamt gibt es viele Gründe, warum Du eine erfolgreiche Jobsuche starten und eine überzeugende Bewerbung erstellen solltest. Durch die Suche nach Stellenangeboten, Definieren Deiner Fähigkeiten und Interessen, Nutzen Deines Netzwerks, Erstellen aussagekräftiger Bewerbungsunterlagen, Vorbereitung auf Bewerbungsgespräche, Achten auf den Dresscode, Follow-Up nach dem Bewerbungsgespräch und Erwägung von Karrieremöglichkeiten kannst Du Dich motivieren und Dein Leben positiv verändern.

Jobzufriedenheit

1. Interessen und Stärken: Identifiziere Deine Interessen und Stärken, um einen Job zu finden, der Dir Spaß macht und Dich erfüllt.
2. Arbeitsumgebung: Sorge für eine positive Arbeitsumgebung, indem Du Deinen Arbeitsplatz sauber und ordentlich hältst und eine angenehme Atmosphäre schaffst.
3. Kollegen: Pflege gute Beziehungen zu Deinen Kollegen und arbeite zusammen, um ein produktives und harmonisches Arbeitsumfeld zu schaffen.
4. Karrieremöglichkeiten: Erwäge Karrieremöglichkeiten und potenzielle Entwicklungspfade bei einem Unternehmen, um Deine langfristigen Karriereziele zu erreichen und motiviert zu bleiben.
5. Work-Life-Balance: Achte auf eine gesunde Work-Life-Balance, indem Du Dich außerhalb der Arbeit engagierst und genügend Zeit für Hobbys und Familie reservierst.

6. Weiterbildung: Bilde Dich weiter und lerne neue Fähigkeiten, um Dich in Deinem Job zu verbessern und neue Herausforderungen anzunehmen.
7. Feedback: Fordere Feedback von Deinen Vorgesetzten und Kollegen, um Deine Leistung zu verbessern und motiviert zu bleiben.
8. Selbstreflexion: Reflektiere regelmäßig über Deine Arbeit und Karriere, um sicherzustellen, dass Du auf dem richtigen Weg bist und Deine Ziele erreichst.

Insgesamt gibt es viele Gründe, warum Du Deine Jobzufriedenheit steigern und Dein Arbeitsleben in vollen Zügen genießen solltest. Durch die Identifikation Deiner Interessen und Stärken, Schaffung einer positiven Arbeitsumgebung, Pflege guter Beziehungen zu Kollegen, Erwägung von Karrieremöglichkeiten, Achten auf eine gesunde Work-Life-Balance, Bildung neuer Fähigkeiten, Fordern von Feedback und Regelmäßige Selbstreflexion kannst Du Dich motivieren und Deine Jobzufriedenheit steigern.

Berufliche Weiterbildung

1. Ziele definieren: Definiere Deine Ziele für die berufliche Weiterbildung, um sicherzustellen, dass Du Deine Zeit und Ressourcen effektiv nutzt.
2. Kostenlose Online-Kurse: Nutze kostenlose Online-Kurse, um neue Fähigkeiten zu erlernen und Dein Wissen zu erweitern.
3. Bibliotheken: Besuche Bibliotheken, um Zugang zu Büchern und Ressourcen zu erhalten, die Deine Weiterbildung unterstützen.

4. Webinare: Nimm an Webinaren und Online-Konferenzen teil, um von Experten zu lernen und Dich über aktuelle Themen zu informieren.
5. Networking-Veranstaltungen: Besuche Networking-Veranstaltungen, um Kontakte zu knüpfen und von anderen Fachleuten zu lernen.
6. Selbststudium: Lerne selbstständig und nutze kostenlose Ressourcen wie Blogs, Podcasts oder YouTube-Kanäle, um Dein Wissen zu erweitern.
7. Job-Sharing: Erwäge Job-Sharing-Optionen, bei denen Du Deine Arbeitszeit mit einem anderen Kollegen teilst und Dich gegenseitig unterstützt und ergänzt.
8. Mitarbeiter-Trainings: Nimm an Mitarbeiter-Trainings teil, die von Deinem Arbeitgeber angeboten werden, um Dein Wissen und Deine Fähigkeiten zu verbessern.

Insgesamt gibt es viele Gründe, warum Du frugal und effektiv Deine berufliche Weiterbildung durchführen solltest. Durch die Definition Deiner Ziele, Nutzung kostenloser Online-Kurse, Besuch von Bibliotheken, Teilnahme an Webinaren und Networking-Veranstaltungen, Selbststudium, Erwägung von Job-Sharing-Optionen und Teilnahme an Mitarbeiter-Trainings kannst Du Dich motivieren und Deine Fähigkeiten und Dein Wissen erweitern.

Freizeit und Hobbys

Günstige Freizeitgestaltung

1. Kostenlose Aktivitäten: Nutze kostenlose Aktivitäten wie Spaziergänge im Park, Picknicks, Besuche von Museen oder Kunstgalerien, um Deine Freizeit zu gestalten.
2. Hobbys: Entwickle Hobbys wie Lesen, Zeichnen, Malen oder Schreiben, die kostengünstig und dennoch kreativ und unterhaltsam sind.
3. Freiwilligenarbeit: Engagiere Dich ehrenamtlich bei gemeinnützigen Organisationen oder Veranstaltungen, um Deine Freizeit sinnvoll und erfüllend zu gestalten.
4. Gemeinschaftsveranstaltungen: Nimm an lokalen Gemeinschaftsveranstaltungen wie Flohmärkten, Straßenfesten oder Konzerten teil, um neue Leute kennenzulernen und Deine Freizeit zu genießen.
5. Sport und Bewegung: Nutze kostenlose oder kostengünstige Sport- und Bewegungsoptionen wie Yoga im Park, Laufen oder Radfahren, um Deine Gesundheit zu fördern und Deine Freizeit zu genießen.
6. Filmabende: Veranstalte Filmabende zu Hause mit Freunden und Familie, um eine gemütliche und unterhaltsame Atmosphäre zu schaffen.
7. Kochen und Backen: Lerne neue Rezepte und Kochtechniken, um zu Hause köstliche Mahlzeiten zuzubereiten und Deine Freizeit sinnvoll und unterhaltsam zu gestalten.
8. Lesegruppen: Schließe Dich Lesegruppen an, um Dich mit anderen Lesern auszutauschen und neue Bücher kennenzulernen.

Insgesamt gibt es viele Möglichkeiten, wie Du Deine Freizeit günstig und dennoch unterhaltsam gestalten kannst. Durch die Nutzung kostenloser oder kostengünstiger Aktivitäten, Entwicklung von Hobbys, Engagement in ehrenamtlicher Arbeit, Teilnahme an Gemeinschaftsveranstaltungen, Sport und Bewegung, Veranstaltung von Filmabenden, Lernen neuer Kochtechniken und Schließen von Lesegruppen kannst Du Deine Freizeit effektiv und erfüllend gestalten.

Hobbys ohne große Ausgaben

1. Lesen: Lese Bücher oder eBooks aus Bibliotheken oder Online-Plattformen, um Dein Wissen zu erweitern und Deine Fantasie zu entfachen.
2. Schreiben: Schreibe Kurzgeschichten, Gedichte oder Tagebuch-Einträge, um Deine Kreativität auszudrücken und Deine Schreibfähigkeiten zu verbessern.
3. Zeichnen und Malen: Zeichne und male mit günstigen Materialien wie Bleistift, Papier und Aquarellfarben, um Deine künstlerischen Fähigkeiten zu verbessern und Deine Fantasie zu entfalten.
4. Kochen und Backen: Entdecke neue Rezepte und experimentiere mit günstigen Zutaten, um köstliche Gerichte zu zaubern und Deine Kochfähigkeiten zu verbessern.
5. Gartenarbeit: Pflanze Blumen, Kräuter oder Gemüse in Deinem Garten oder auf Deinem Balkon, um die Natur zu genießen und Deinen grünen Daumen zu verbessern.
6. Musik hören: Höre Musik online oder von CDs oder Vinyl-Schallplatten, um neue Künstler und Musikgenres zu entdecken und Dich zu entspannen.

7. Fotografie: Entdecke die Welt durch Deine Kamera, um neue Perspektiven und Schönheiten zu finden und Deine fotografischen Fähigkeiten zu verbessern.
8. Wandern und Naturerkundung: Gehe auf Spaziergänge und Wanderungen in der Natur, um frische Luft zu genießen und Deinen Körper zu bewegen.
9. DIY-Projekte: Erstelle DIY-Projekte wie Möbel, Dekorationen oder Geschenke mit günstigen Materialien, um Deine handwerklichen Fähigkeiten zu verbessern und Deine Kreativität auszudrücken.
10. Freiwilligenarbeit: Engagiere Dich ehrenamtlich bei gemeinnützigen Organisationen oder Projekten, um etwas Gutes zu tun und Dich mit anderen Menschen zu verbinden.

Insgesamt gibt es viele Möglichkeiten, wie Du Hobbys ohne große Ausgaben ausüben kannst. Durch Lesen, Schreiben, Zeichnen und Malen, Kochen und Backen, Gartenarbeit, Musik hören, Fotografie, Wandern und Naturerkundung, DIY-Projekte und Freiwilligenarbeit kannst Du Deine Leidenschaften ausleben, Dich verbessern und Dich unterhalten, ohne viel Geld auszugeben.

Tauschen und Teilen von Ressourcen

1. Kleidertauschpartys: Veranstalte Kleidertauschpartys mit Freunden oder schließe Dich einer lokalen Tauschgruppe an, um Kleidungsstücke auszutauschen und Deinen Kleiderschrank aufzufüllen, ohne neue Kleidung zu kaufen.
2. Werkzeug- und Geräteverleih: Leihe Werkzeuge oder Geräte von Freunden oder Familienmitgliedern

aus, um Deine Heimwerkerprojekte zu verwirklichen und Geld zu sparen, anstatt teure Werkzeuge oder Geräte zu kaufen.

3. Carsharing: Teile Dein Auto mit Freunden oder nutze Carsharing-Plattformen, um gemeinsam mit anderen Fahrten zu unternehmen und die Kosten für Sprit und Versicherung zu teilen.

4. Gemeinschaftsgärten: Schließe Dich Gemeinschaftsgärten an, um landwirtschaftliche Flächen und Werkzeuge mit anderen Menschen zu teilen und Dein eigenes Gemüse und Obst anzubauen.

5. Bücher- und DVD-Tausch: Tausche Bücher und DVDs mit Freunden oder besuche lokale Bibliotheken, um kostenlos Zugang zu Büchern und Filmen zu erhalten, anstatt sie zu kaufen.

6. Lebensmittel teilen: Teile Lebensmittel mit Freunden und Nachbarn, indem Du überschüssige Produkte teilst oder in Gruppenbestellungen einkaufst, um Rabatte und Einsparungen zu erzielen.

7. Zeitbanken: Schließe Dich Zeitbanken an, um Fähigkeiten und Dienstleistungen mit anderen Mitgliedern zu tauschen und Deine Bedürfnisse zu erfüllen, ohne Geld auszugeben.

Insgesamt gibt es viele Möglichkeiten, wie Du Ressourcen tauschen und teilen kannst, um Geld zu sparen und die Umwelt zu schonen. Durch Kleidertauschpartys, Werkzeug- und Geräteverleih, Carsharing, Gemeinschaftsgärten, Bücher- und DVD-Tausch, Lebensmittelteilen und Zeitbanken kannst Du Deine Ressourcen effektiver nutzen und Deine Ausgaben senken.

Reisen

Reisen mit einem begrenzten Budget

1. Reisezeitpunkt: Reise außerhalb der Hochsaison, um die Preise für Flüge, Unterkünfte und Aktivitäten zu senken. Buche Flüge und Unterkünfte im Voraus, um von Frühbucherrabatten zu profitieren.
2. Unterkünfte: Übernachte in Hostels, Airbnbs oder Campingplätzen, um Geld zu sparen und andere Reisende kennenzulernen. Wähle Unterkünfte in Randgebieten, um die Preise weiter zu senken.
3. Transport: Nutze öffentliche Verkehrsmittel oder leihe ein Fahrrad, um die Stadt zu erkunden. Miete ein Auto, wenn Du die Gegend um die Stadt herum erkunden möchtest. Buche Zugtickets im Voraus, um von Frühbucherrabatten zu profitieren.
4. Essen und Trinken: Vermeide teure Restaurants und kaufe stattdessen günstige Lebensmittel im Supermarkt. Probiere lokale Spezialitäten und vermeide Fast Food-Ketten.
5. Aktivitäten: Finde kostenlose Aktivitäten wie Stadtspaziergänge, Museen mit freiem Eintritt oder kostenlose Konzerte und Festivals. Spare auf teure Aktivitäten und entscheide Dich stattdessen für lokale Erfahrungen wie ein Picknick im Park oder einen Besuch auf einem lokalen Markt.
6. Budget planen: Erstelle ein Budget für Deine Reise und halte Dich daran. Teile Deine Ausgaben in Kategorien wie Unterkunft, Transport, Essen und Aktivitäten auf und überwache Deine Ausgaben.
7. Reise mit Freunden: Teile Unterkunft, Transport und Essenskosten mit Freunden, um Geld zu sparen und gemeinsam tolle Erfahrungen zu machen.

Insgesamt gibt es viele Möglichkeiten, wie Du mit einem begrenzten Budget reisen kannst. Durch die Wahl des Reisezeitpunkts, die Auswahl von günstigen Unterkünften und Transportmitteln, die Vermeidung von teuren Restaurants, die Wahl kostenloser Aktivitäten, das Erstellen eines Budgets und das Reisen mit Freunden kannst Du Deine Reisekosten senken und dennoch tolle Erlebnisse genießen.

Günstige Reiseziele

1. Thailand: Thailand ist bekannt für seine günstigen Preise für Unterkunft, Essen und Aktivitäten. Besuche die wunderschönen Strände, Tempel und Märkte, probiere die köstliche thailändische Küche und erlebe die Gastfreundschaft der Einheimischen.
2. Portugal: Portugal bietet wunderschöne Strände, charmante Städte und eine reiche Kultur zu günstigen Preisen. Erkunde die Stadt Lissabon, genieße die Strände der Algarve und probiere lokale Gerichte wie Bacalhau und Pastel de Nata.
3. Indonesien: Indonesien bietet atemberaubende Landschaften wie Reisterrassen und Vulkane sowie faszinierende Tempel und Strände. Besuche Bali, erkunde die Inseln von Komodo oder schnorchle in den Gewässern von Raja Ampat.
4. Kambodscha: Kambodscha ist bekannt für seine Tempel wie Angkor Wat sowie für seine gastfreundlichen Menschen und die günstigen Preise. Erkunde die Stadt Phnom Penh, besuche die Tempel von Siem Reap und probiere die köstliche kambodschanische Küche.

5. Guatemala: Guatemala bietet eine reiche Kultur, schöne Landschaften und günstige Preise. Besuche Antigua, erkunde die Ruinen von Tikal und probiere lokale Gerichte wie Tamales und Pepián.
6. Nicaragua: Nicaragua bietet atemberaubende Landschaften wie Vulkane und Strände sowie eine reiche Kultur zu günstigen Preisen. Besuche Granada, erkunde den Masaya-Vulkan und probiere lokale Gerichte wie Gallo Pinto und Quesillo.
7. Vietnam: Vietnam bietet eine reiche Geschichte, schöne Landschaften und köstliche Küche zu günstigen Preisen. Besuche Hanoi, erkunde die Halong-Bucht und probiere lokale Gerichte wie Pho und Banh Mi.

Insgesamt gibt es viele günstige Reiseziele auf der ganzen Welt, die Du besuchen kannst, ohne Dein Budget zu sprengen. Von Thailand über Portugal bis hin zu Kambodscha und Nicaragua gibt es viele atemberaubende Landschaften, reiche Kulturen und köstliche Küchen zu entdecken.

Nachhaltiges Reisen

Nachhaltiges Reisen bedeutet, Deine Reise so zu gestalten, dass Du die Umwelt, die Kultur und die Menschen vor Ort respektierst und schützt. Möchtest Du lernen, wie Du nachhaltig reisen kannst? Hier sind einige Tipps!

1. Transport: Nutze öffentliche Verkehrsmittel, Fahrräder oder gehe zu Fuß, um Deine CO_2-Emissionen zu reduzieren. Vermeide Inlandsflüge, wenn möglich, da sie einen hohen CO_2-Fußabdruck

haben. Wenn Du fliegen musst, wähle eine Fluggesellschaft mit einem Umweltschutzprogramm.

2. Unterkünfte: Wähle Unterkünfte, die sich für den Umweltschutz einsetzen, wie z.B. Hotels, die erneuerbare Energiequellen nutzen oder recycelte Materialien verwenden. Vermeide Hotels mit Einweg-Plastikprodukten und wähle stattdessen Unterkünfte, die auf nachhaltige Alternativen setzen.

3. Verantwortungsvolles Verhalten: Respektiere die lokale Kultur und die Einheimischen. Vermeide das Stören von Tieren in der Natur und kaufe keine Souvenirs aus illegalen Wildtierbeständen. Unterstütze lokale Unternehmen und Kaufe lokale Produkte, um die lokale Wirtschaft zu unterstützen.

4. Reduktion von Abfall: Vermeide Einweg-Plastikprodukte und wähle stattdessen wiederverwendbare Alternativen. Bringe Deine eigenen wiederverwendbaren Wasserflaschen, Trinkhalme und Einkaufstaschen mit. Vermeide Lebensmittelverschwendung und den Kauf von überschüssigen Lebensmitteln.

5. Unterstützung von Umweltschutzprojekten: Unterstütze lokale Umweltschutzprojekte, die sich für den Schutz der Umwelt und der Tierwelt einsetzen.

6. Respektvoller Tourismus: Wähle verantwortungsvolle und umweltfreundliche Aktivitäten, wie z.B. Wandern, Vogelbeobachtung oder Strandreinigung. Vermeide Aktivitäten, die negative Auswirkungen auf die Umwelt oder die lokale Kultur haben können.

Insgesamt gibt es viele Möglichkeiten, wie Du nachhaltig reisen kannst. Indem Du öffentliche Verkehrsmittel nutzt, umweltfreundliche Unterkünfte wählst, verantwortungsvolles Verhalten zeigst, Abfall reduzierst, Umweltschutzprojekte unterstützt und umweltfreundliche Aktivitäten wählst, kannst Du Deine Reise nachhaltiger gestalten.

Finanzielle Unabhängigkeit

<u>Was bedeutet finanzielle Unabhängigkeit?</u>

Finanzielle Unabhängigkeit bedeutet, dass Du genug Geld hast, um Deinen Lebensunterhalt zu bestreiten, ohne von einem Job oder einer anderen Quelle des Einkommens abhängig zu sein. Es bedeutet auch, dass Du genug Geld hast, um Deine Träume und Ziele zu verwirklichen, ohne dass Geld ein Hindernis darstellt.

Finanzielle Unabhängigkeit kann unterschiedlich definiert werden, je nachdem, wer Du bist und was Deine Ziele sind. Für manche Menschen bedeutet finanzielle Unabhängigkeit, dass sie genug Geld haben, um in den Ruhestand zu gehen, ohne sich Sorgen um ihre Finanzen machen zu müssen. Andere möchten finanziell unabhängig sein, um ihren Kindern eine bessere Zukunft zu bieten oder ihre Schulden abzuzahlen. Für andere bedeutet finanzielle Unabhängigkeit, dass sie in der Lage sind, ihre Leidenschaften und Hobbys zu verfolgen, ohne sich Gedanken über Geld machen zu müssen.

Eine wichtige Voraussetzung für finanzielle Unabhängigkeit ist das Sparen und Investieren von Geld. Indem Du Deine Ausgaben reduzierst und Dein Geld klug investierst, kannst Du langfristig ein Vermögen aufbauen und finanziell unabhängig werden. Es ist auch wichtig, Schulden abzuzahlen und ein Budget zu erstellen, um sicherzustellen, dass Du Deine Finanzen im Griff hast.

Finanzielle Unabhängigkeit gibt Dir mehr Freiheit und Flexibilität in Deinem Leben. Du kannst entscheiden, wie Du Deine Zeit verbringst und wie Du Dein Leben gestaltest, ohne von einer Arbeit oder einem Einkommen abhängig zu sein. Finanzielle Unabhängigkeit kann jedoch auch bedeuten, dass Du hart arbeiten und Opfer bringen musst, um Deine Ziele zu erreichen.

Wenn Du finanziell unabhängig werden möchtest, solltest Du Dir klare Ziele setzen und einen Plan entwickeln, um diese Ziele zu erreichen. Es kann einige Zeit dauern, bis Du finanziell unabhängig wirst, aber mit Disziplin, Geduld und Entschlossenheit kannst Du es schaffen. Also fange an zu sparen, investiere klug und arbeite hart, um Deine finanzielle Unabhängigkeit zu erreichen und Deine Träume zu verwirklichen!

Frugalismus als Weg zur finanziellen Freiheit

Frugalismus kann ein Weg sein, um finanzielle Freiheit und Unabhängigkeit zu erreichen. Indem Du Deine Ausgaben reduzierst, kannst Du Geld sparen und es klug investieren, um langfristig ein Vermögen aufzubauen.

Es gibt viele Gründe, warum Frugalismus ein guter Weg sein kann, um finanzielle Freiheit zu erreichen. Zum einen hilft es Dir, Deine Ausgaben im Blick zu behalten und unnötige Ausgaben zu vermeiden. Du lernst, Prioritäten zu setzen und Dein Geld für Dinge auszugeben, die Dir wichtig sind, anstatt es für Dinge zu verschwenden, die Dir nichts bedeuten.

Ein weiterer Vorteil des Frugalismus ist, dass er Dich dazu ermutigt, Dein Geld klug zu investieren. Indem Du Geld sparst und es in Investments wie Aktien, Fonds oder Immobilien anlegst, kannst Du langfristig ein Vermögen aufbauen und finanziell unabhängig werden. Es ist wichtig, jedoch zu beachten, dass jedes Investment mit einem Risiko verbunden ist und Du Deine Investitionsentscheidungen sorgfältig abwägen solltest.

Frugalismus erfordert jedoch auch Opfer und Disziplin. Du musst lernen, auf unnötige Ausgaben zu verzichten und Dein Budget im Auge zu behalten. Es kann bedeuten, dass Du auf Dinge verzichten musst, die Dir wichtig sind, um Deine Ziele zu erreichen. Aber es lohnt sich, wenn Du langfristig finanzielle Freiheit und Unabhängigkeit erreichen möchtest.

Eine weitere wichtige Überlegung ist, dass Frugalismus nicht für jeden geeignet ist. Wenn Du Dein Leben in vollen Zügen genießen möchtest und Geld für Erfahrungen und Abenteuer ausgeben möchtest, ist Frugalismus möglicherweise nicht die richtige Wahl für Dich. Es ist wichtig, dass Du Deine Prioritäten festlegst und entscheidest, was für Dich im Leben wichtig ist.

Insgesamt kann Frugalismus ein guter Weg sein, um finanzielle Freiheit und Unabhängigkeit zu erreichen. Indem Du Deine Ausgaben reduzierst, Geld sparst und es klug investierst, kannst Du langfristig ein Vermögen aufbauen und Deine Träume und Ziele verwirklichen. Es erfordert jedoch auch Opfer und Disziplin, um Deine finanziellen Ziele zu erreichen. Also überlege gut, ob Frugalismus der richtige Weg für Dich ist und starte Deine Reise zur finanziellen Freiheit heute!

Tipps zur Erreichung finanzieller Unabhängigkeit

Wenn Du finanzielle Unabhängigkeit erreichen möchtest,
gibt es viele Tipps und Strategien, die Du befolgen kannst,
um Deine Ziele zu erreichen. Hier sind einige Tipps, die
Dir helfen können, auf dem Weg zur finanziellen
Unabhängigkeit voranzukommen:

1. Erstelle ein Budget: Eines der wichtigsten Dinge,
   die Du tun kannst, um finanzielle Unabhängigkeit
   zu erreichen, ist die Erstellung eines Budgets.
   Indem Du Deine Einnahmen und Ausgaben
   aufschreibst, kannst Du sehen, wo Du Geld sparen
   und Dein Vermögen aufbauen kannst.
2. Reduziere Deine Ausgaben: Wenn Du Deine
   Ausgaben reduzierst, kannst Du mehr Geld sparen
   und es klug investieren. Schaue Dir Deine
   Ausgaben an und überlege, wo Du Einsparungen
   vornehmen kannst, ohne auf wichtige Dinge zu
   verzichten.
3. Investiere in Aktien, Fonds oder Immobilien: Wenn
   Du Geld sparst, solltest Du es klug investieren, um
   Dein Vermögen aufzubauen. Investiere in Aktien,
   Fonds oder Immobilien, um langfristig ein
   Vermögen aufzubauen.
4. Vermeide Schulden: Schulden können ein großes
   Hindernis auf dem Weg zur finanziellen
   Unabhängigkeit sein. Vermeide Schulden, wenn es
   möglich ist, und zahle vorhandene Schulden
   schnellstmöglich ab.
5. Verfolge Deine Finanzen: Es ist wichtig, dass Du
   Deine Finanzen im Blick behältst und regelmäßig
   überprüfst, ob Du Deine finanziellen Ziele erreicht
   hast.

6. Setze Prioritäten: Es ist wichtig, dass Du Deine Prioritäten im Leben kennst und entscheidest, welche Dinge Dir wichtig sind und welche nicht. Investiere Dein Geld in Dinge, die Dir wirklich wichtig sind, anstatt es für Dinge auszugeben, die Dir nichts bedeuten.

7. Erhöhe Dein Einkommen: Eine weitere Möglichkeit, um finanzielle Unabhängigkeit zu erreichen, ist die Erhöhung Deines Einkommens. Suche nach Möglichkeiten, Dein Einkommen zu erhöhen, indem Du Dich weiterbildest, neue Fähigkeiten erlernst oder Dich nach besseren Jobmöglichkeiten umschaust.

8. Lebe unter Deinen Verhältnissen: Wenn Du finanzielle Unabhängigkeit erreichen möchtest, ist es wichtig, dass Du unter Deinen Verhältnissen lebst. Schaue Dir Deinen Lebensstil an und überlege, wo Du auf Dinge verzichten kannst, um mehr Geld zu sparen und Dein Vermögen aufzubauen.

Insgesamt gibt es viele Tipps und Strategien, die Dir helfen können, finanzielle Unabhängigkeit zu erreichen. Es erfordert jedoch Disziplin, Opfer und harte Arbeit, um Deine Ziele zu erreichen. Überlege gut, welche Tipps für Dich am besten geeignet sind und starte noch heute Deine Reise zur finanziellen Unabhängigkeit!

Frugalismus als Lebensstil

Frugalismus und Nachhaltigkeit

Frugalismus und Nachhaltigkeit sind zwei Konzepte, die gut zusammenpassen. Wenn Du frugal lebst, versuchst Du, Geld zu sparen und ressourcenschonend zu leben. Das bedeutet auch, dass Du nachhaltig lebst, indem Du Ressourcen sorgfältig nutzt und verschwendest. Hier sind einige Tipps, wie Du frugal und nachhaltig leben kannst:

1. Vermeide Verschwendung: Eine der wichtigsten Regeln des Frugalismus ist es, Verschwendung zu vermeiden. Versuche also, Dinge zu verwenden, bevor Du sie wegwirfst, und recycelbare Produkte zu verwenden, um die Umweltbelastung zu minimieren.
2. Kaufe gebrauchte Gegenstände: Kaufe gebrauchte Gegenstände, anstatt neue zu kaufen. Dadurch verhinderst Du, dass noch mehr Ressourcen für die Herstellung neuer Produkte verwendet werden und Du sparst gleichzeitig Geld.
3. Vermeide Plastik: Vermeide Produkte, die in Plastik verpackt sind, und versuche, Plastikmüll zu reduzieren, indem Du wiederverwendbare Behälter und Taschen verwendest.
4. Lebe minimalistisch: Minimalismus ist ein wichtiger Bestandteil des Frugalismus und der Nachhaltigkeit. Schaue Dir Deinen Besitz an und überlege, was Du wirklich brauchst. Wenn Du nur das besitzt, was Du wirklich brauchst, verbrauchst Du weniger Ressourcen und sparst Geld.
5. Vermeide übermäßiges Autofahren: Autofahren ist oft einer der größten Beiträge zur Umweltverschmutzung und kann teuer sein.

Versuche daher, Fahrrad zu fahren, öffentliche Verkehrsmittel zu nutzen oder zu Fuß zu gehen, um Emissionen zu reduzieren und Geld zu sparen.

6. Vermeide Fast Fashion: Fast Fashion ist ein großer Verbraucher von Ressourcen und trägt zu einer unkontrollierten Umweltbelastung bei. Kaufe Kleidung von nachhaltigen Marken oder Second-Hand-Shops, um nachhaltige Mode zu unterstützen und Geld zu sparen.

7. Pflanze einen Garten: Wenn Du einen Garten hast, kannst Du Dein eigenes Gemüse und Obst anbauen, um Geld zu sparen und gleichzeitig Ressourcen zu schonen.

8. Reparieren statt wegwerfen: Wenn etwas kaputt geht, versuche es zu reparieren, anstatt es wegzuwerfen und neu zu kaufen. Dadurch verhinderst Du, dass noch mehr Ressourcen für die Herstellung neuer Produkte verwendet werden müssen.

Insgesamt ist Frugalismus eine großartige Möglichkeit, um Geld zu sparen und Ressourcen zu schonen, während Nachhaltigkeit Dir hilft, die Umweltbelastung zu minimieren und eine bessere Zukunft zu schaffen. Zusammen können sie Dir helfen, ein erfülltes Leben zu führen, das auf nachhaltigen Prinzipien basiert.

Frugalismus in Beziehungen und Familie

Frugalismus in Beziehungen und Familie kann eine Herausforderung darstellen, aber es ist auch eine großartige Möglichkeit, Geld zu sparen und gemeinsam an einem Ziel zu arbeiten. Hier sind einige Tipps, wie Du Frugalismus in Deine Beziehungen und Familienleben integrieren kannst:

1. Kommunikation ist der Schlüssel: Sprich mit Deinem Partner oder Deiner Familie darüber, was Frugalismus bedeutet und wie es Euch als Paar oder Familie helfen kann. Diskutiert über Eure finanziellen Ziele und wie Ihr zusammenarbeiten könnt, um diese Ziele zu erreichen.
2. Frugalismus bedeutet nicht, dass man auf alles verzichten muss: Dein Partner oder Deine Familie muss nicht auf alle Annehmlichkeiten verzichten. Es geht darum, Prioritäten zu setzen und unnötige Ausgaben zu vermeiden.
3. Gemeinsames Kochen und Essen: Indem Du gemeinsam kochst und isst, kannst Du Geld sparen und gleichzeitig Zeit mit Deinem Partner oder Deiner Familie verbringen.
4. Fahrtgemeinschaften bilden: Wenn Du zur Arbeit oder zur Schule fährst, biete an, jemanden mitzunehmen oder fahrt zusammen, um Spritkosten zu sparen und die Umweltbelastung zu reduzieren.
5. Frugalismus kann Spaß machen: Frugalismus kann ein gemeinsames Abenteuer sein, das Spaß macht. Suche nach günstigen Aktivitäten und Unternehmungen, die Du gemeinsam mit Deinem Partner oder Deiner Familie unternehmen kannst.
6. Spartipps gemeinsam umsetzen: Finde gemeinsam neue Möglichkeiten, Geld zu sparen, z.B. durch Gutscheine, Coupons oder Rabattaktionen.
7. Kinder einbeziehen: Frugalismus ist eine großartige Möglichkeit, Deine Kinder in finanzielle Entscheidungen einzubeziehen und ihnen den Wert von Geld beizubringen. Diskutiere mit ihnen über die Kosten von Produkten und versuche,

gemeinsam zu entscheiden, welche Ausgaben notwendig sind und welche vermieden werden können.

8. Eine gemeinsame Vision: Eine gemeinsame finanzielle Vision kann Dir und Deinem Partner oder Deiner Familie helfen, auf ein gemeinsames Ziel hinzuarbeiten und einander zu unterstützen.

Insgesamt kann Frugalismus in Beziehungen und Familie ein erfüllendes gemeinsames Ziel sein, das Dir und Deiner Familie hilft, Geld zu sparen und auf eine gemeinsame Vision hinzuarbeiten. Durch Kommunikation, Zusammenarbeit und Kreativität kannst Du Frugalismus zu einem Teil Deines Familienlebens machen und dabei gleichzeitig Zeit mit Deinen Lieben genießen.

Frugalismus als Beitrag zur Gesellschaft

Frugalismus kann nicht nur Dein eigenes Leben verbessern, sondern auch einen Beitrag zur Gesellschaft leisten. Hier sind einige Möglichkeiten, wie Frugalismus einen positiven Einfluss auf die Gemeinschaft haben kann:

1. Nachhaltigkeit fördern: Frugalismus bedeutet oft auch Nachhaltigkeit, da es darum geht, Ressourcen zu schonen und Abfall zu reduzieren. Indem Du bewusst konsumierst und weniger verschwendest, leistest Du einen Beitrag zur Schonung von Ressourcen und zum Schutz unserer Umwelt.

2. Teilen von Ressourcen: Frugalismus bedeutet auch, Ressourcen zu teilen und gemeinsam zu nutzen. Durch Tauschgeschäfte, Carsharing oder Sharing-Plattformen können gemeinsame Ressourcen

genutzt und damit auch Geld und Energie gespart werden.

3. Soziales Engagement: Wenn Du durch Frugalismus Geld sparst, hast Du möglicherweise mehr Ressourcen und Zeit zur Verfügung, um Dich sozial zu engagieren. Du kannst ehrenamtliche Arbeit leisten, an gemeinnützigen Projekten teilnehmen oder Spenden an wohltätige Organisationen leisten.

4. Konsumkritik: Frugalismus kann auch dazu beitragen, ein Bewusstsein für die Konsumkritik zu schaffen und Dich kritischer mit Deinem eigenen Konsumverhalten auseinandersetzen. Indem Du bewusst kaufst, Dein Konsumverhalten reduzierst und auf Nachhaltigkeit achtest, setzt Du ein Zeichen und leistest damit einen Beitrag zur Schonung von Ressourcen und zur Vermeidung von Verschwendung.

5. Unterstützung der lokalen Wirtschaft: Durch den bewussten Kauf bei lokalen Anbietern oder Herstellern kannst Du die lokale Wirtschaft unterstützen und damit einen Beitrag zur Stärkung Deiner Gemeinschaft leisten.

6. Bildung und Bewusstsein schaffen: Durch Dein eigenes Beispiel und Dein Engagement für Frugalismus kannst Du auch andere inspirieren und dazu beitragen, ein Bewusstsein für nachhaltigen Konsum und den Wert von Geld zu schaffen.

Insgesamt kann Frugalismus ein Weg sein, um nicht nur Dein eigenes Leben zu verbessern, sondern auch einen positiven Einfluss auf die Gesellschaft zu haben. Indem Du bewusst kaufst, Ressourcen schonst, Dein Konsumverhalten überdenkst und Dich sozial engagierst, kannst Du Deinen Teil dazu beitragen, eine nachhaltigere und gerechtere Gesellschaft aufzubauen.

Schlusswort

Herzlichen Glückwunsch, Du hast es bis zum Ende unseres Buches über Frugalismus geschafft! Wir hoffen, dass Du viele wertvolle Tipps und Ideen mitnehmen konntest, um Dein Leben frugaler und nachhaltiger zu gestalten.

Frugalismus ist mehr als nur eine finanzielle Strategie - es geht darum, bewusster und nachhaltiger zu leben. Es geht darum, Ressourcen zu schonen, Abfall zu reduzieren und ein erfülltes Leben zu führen, ohne dabei Unmengen an Geld auszugeben.

Doch Frugalismus bedeutet nicht Verzicht oder Einschränkung. Vielmehr geht es darum, bewusster und kreativer zu konsumieren, Dinge zu teilen, die Natur zu genießen und das Leben in vollen Zügen zu leben - ohne dabei die finanzielle Sicherheit aus den Augen zu verlieren.

Wir hoffen, dass Du mit Hilfe dieses Buches Deine eigene Definition von Frugalismus gefunden hast und dass es Dir dabei hilft, Deine finanziellen Ziele zu erreichen und Dein Leben nachhaltiger und erfüllter zu gestalten.

Denke immer daran, dass jeder kleine Schritt zählt. Du musst nicht sofort Dein ganzes Leben umkrempeln, um ein frugales Leben zu führen. Setze Dir kleine Ziele und arbeite jeden Tag daran, bewusster und nachhaltiger zu leben.

Vielen Dank, dass Du unser Buch über Frugalismus gelesen hast. Wir wünschen Dir viel Erfolg auf Deinem Weg zu einem frugaleren und nachhaltigeren Leben!

Vielen Dank, dass Du unser Buch gelesen hast! Wir hoffen, dass Du nützliche Informationen und wertvolle Tipps gefunden hast, um Dein Leben frugaler und nachhaltiger zu gestalten.

Wenn Dir das Buch gefallen hat und Du davon überzeugt bist, dass es anderen Menschen helfen kann, freuen wir uns sehr über eine positive Bewertung von Dir. Deine Meinung ist uns wichtig und kann anderen Lesern bei der Entscheidung helfen, ob dieses Buch das Richtige für sie ist.

Nochmals vielen Dank für Deine Zeit und Dein Interesse an unserem Buch über Frugalismus! Wir wünschen Dir viel Erfolg auf Deinem Weg zu einem nachhaltigeren und erfüllteren Leben.